CYFLWYNEDIG
I MAIR, ELEN A HUW

Diolch

i Mr. Dewi Jones, Benllech, am bob cefnogaeth o'r cychwyn,
i Mr. Hywel Williams, Trefnydd Cerdd Adran Môn, ac i Bwyllgor
 Addysg Gwynedd am eu cefnogaeth,
i Staff y Cyngor Llyfrau Cymraeg, Aberystwyth.

Diolch i'r canlynol am ganiatâd i gynnwys lluniau o'u heiddo:
Llysgenhadaeth Norwy am Luniau Grieg;
Llysgenhadaeth Denmarc am luniau Nielsen;
Llysgenhadaeth Gwlad Belg am lun Franck;
Swyddfa Canghellor Gweriniaeth Awstria, Fiena, am gymorth ac am
luniau Mahler, Bruckner a Johann Strauss;
Mr. James Bennett o Amgueddfa Elgar, Broadheath, am bob cymorth
ac am luniau o Elgar;
Cwmni Recordiau R.C.A. am lun Kreisler.

Diolch yn arbennig i'm cyfaill Huw Roberts, Ysgol Goronwy Owen,
Benllech, am lunio portreadau o Copland, Sousa, Holst a Dvořák ac am
ganiatâd i'w cyhoeddi.

James Griffiths

CYFANSODDWYR
HEN A NEWYDD

JAMES GRIFFITHS

Gwasg Cambria

Argraffiad cyntaf—Ebrill 1988
ISBN 0 900439 45 9
(h) James Griffiths, 1987 ©

Dymuna'r cyhoeddwyr gydnabod cymorth a chyfarwyddyd Adrannau'r Cyngor Llyfrau Cymraeg a noddir gan Gyngor Celfyddydau Cymru.

Cyhoeddwyd gan Wasg Cambria, Aberystwyth.
Cysodwyd ac argraffwyd gan y Cambrian News (Aberystwyth) Cyf.

Cynnwys

Rhagair

Rhagair

Y mae digon o lyfrau yn Saesneg ar fywyd a gwaith y cyfansoddwyr mawr, ond ychydig iawn a geir yn y Gymraeg, yn enwedig i blant 10 i 13 oed. O'r ychydig lyfrau Cymraeg sydd ar gael canolbwyntir ar hanes bywyd a gwaith Beethoven, Mozart, Bach a Handel gan amlaf. Prin iawn yw'r deunydd am gyfansoddwyr diwedd y bedwaredd ganrif ar bymtheg a'r ugeinfed ganrif. Yn y gyfrol hon, felly, yr wyf wedi cynnwys ychydig o hanes nifer o gyfansoddwyr diddorol iawn fel Kreisler a Sousa yn ogystal â rhai mwy sylweddol fel Dvořák, Grieg, Elgar, Bruckner a Mahler. Ceir yma hefyd hanes bywyd y cyfansoddwyr Nielsen, Holst, Franck, Copland a Johann Strauss II.

Y mae unrhyw awdur llyfrau ar gerddoriaeth yn gobeithio y bydd darllen am gyfansoddwyr yn annog y darllenydd i chwilio am fwy o wybodaeth, yn ogystal â cheisio clywed y gerddoriaeth. Wedi'r cwbl, rhywbeth i wrando arno neu ei berfformio yw cerddoriaeth. Gan fod cymaint o bwyslais yn ein hysgolion y dyddiau yma ar waith thematig ac ar gyweithiau, gobeithiaf y bydd y gyfrol hon yn rhywfaint o help i'r plant sydd am geisio mwy o wybodaeth am gyfansoddwyr hen a newydd.

James Griffiths

CÉSAR FRANCK (1822-1890)

Ym Mharis, prifddinas Ffrainc, y bu'r cerddor César Franck yn byw ac yn gweithio gydol ei oes bron ond nid Ffrancwr oedd yn enedigol. Fe'i ganed yng Ngwlad Belg, yn ninas Liège, yn y flwyddyn 1822. Bancwr oedd ei dad ac roedd yn awyddus iawn i'w fab fod yn gerddor enwog. Ef a drefnodd i César Franck gael gwersi piano yn y coleg cerdd yn Liège. Yr oedd ei ddatblygiad fel pianydd yn syfrdanol a rhoddodd gyfres o gyngherddau yng Ngwlad Belg pan nad oedd ond yn un ar ddeg oed.

Er mwyn sicrhau gwell addysg gerddorol i César penderfynodd y teulu symud o Liège i Baris a chafodd yntau fynychu'r enwog Paris Conservatoire de Musique. Tra oedd yn fyfyriwr yn y coleg disgleiriodd ym mhob agwedd ar gerddoriaeth a phetai ddim mor bengaled buasai wedi ennill pob gwobr oedd ar gael yno. Ar ddiwedd ei flwyddyn gyntaf, fel rhan o'i arholiad, gofynnwyd iddo chwarae consierto gan y cyfansoddwr Hummel ar yr olwg gyntaf. Fe wnaeth César hyn a mwy! Yn lle chwarae'r consierto yn y cyweirnod gwreiddiol fe drawsgyweiriodd y darn yn gyfan gwbl wrth ei chwarae. Syfrdanwyd yr arholwr gan ei allu ond, o bosibl am ei fod o'r farn fod César braidd yn ddigywilydd, penderfynodd roi'r wobr gyntaf i un arall a'r ail wobr i César Franck!

Yn ystod y cyfnod hwn yr oedd César yn cymryd mwy a mwy o ddiddordeb yn yr organ er nad oedd hyn wrth fodd calon ei dad a oedd yn awyddus iddo gwblhau ei astudiaethau'n llwyddiannus a datblygu'n unawdydd ar lwyfan. Ond yr oedd yr arwyddion i gyd yn dangos mai organydd neu gyfansoddwr (neu'r ddau) a fyddai César Franck.

Mae'n ddiddorol sylwi fod Franck yn ymdebygu mewn sawl peth i'w gyfoeswr Anton Bruckner, cyfansoddwr o Awstria. Roedd y ddau'n wŷr distaw ac od o ran eu golwg; gwisgent ddillad gwladaidd yr olwg a oedd yn rhy fawr iddynt. Yr oedd y ddau hefyd yn ddynion crefyddol eu natur. Dechreuodd César Franck gyfansoddi gweithiau crefyddol eu naws yn gynnar yn ei yrfa ac yn 1846 cafwyd y perfformiad cyntaf o'i waith Beiblaidd — *Ruth*. Yr oedd dau o gyfansoddwyr enwog y cyfnod, sef Liszt a Meyerbeer, yn y gynulleidfa pan berfformiwyd yr oratorio honno gyntaf. Yn y flwyddyn 1848 — blwyddyn bwysig yn hanes Ewrop oherwydd cafwyd sawl chwyldro yn ninasoedd y cyfandir — priododd César Franck ag actores. Yr oedd hyn yn fwy na digon i'w dad allu ei ddioddef a phenderfynodd dorri pob cysylltiad â'i fab. Yr oedd wedi blino ar weld César yn mynnu mynd ei ffordd gerddorol ei hun ac yntau

César Franck (1822-1890)

â chymaint o freuddwydion a gobeithion ar ei gyfer, ac roedd y briodas
â'r actores hon yn goron ar y cwbl cyn belled ag roedd ef yn y cwestiwn.
Nid ymyrrodd byth wedyn yn natblygiad ei fab César Franck.

Dyma ddechrau ar gyfnod prysur iawn yn hanes y cerddor. Yr oedd yn organydd yn eglwys Sainte-Clothilde, un o eglwysi enwocaf Paris, a chanddo hefyd lu o ddisgyblion piano ac organ. Rhoddai wersi yn y Paris Conservatoire yn ogystal.

Yr oedd y rhan fwyaf o'r rhai oedd yn ei adnabod yn gweld César Franck yn ŵr bach doniol iawn, bob amser yn gwisgo côt rhy fawr iddo a throwsus rhy gwta. Rhuthrai'n wyllt o un lle i'r llall — i'r coleg lle'r oedd yn dysgu canu'r organ, i eglwys Sainte-Clothilde lle'r oedd yn organydd, ac i dai ei ddisgyblion. Byddai bob amser yn tynnu stumiau tra cerddai ar hyd y strydoedd ac roedd yn anghofus dros ben. Dyma sut un oedd César Franck — pawb yn ei adnabod a phob un o'i ddisgyblion yn ei edmygu ac yn meddwl y byd ohono.

Yr oedd hefyd yn cyfansoddi'n gyson, eithr yn anffodus nid oedd ei gerddoriaeth yn cael fawr o sylw. Ond un noson yn 1890 perfformiwyd ei bedwarawd llinynnol ac ar ddiwedd y perfformiad cafodd y gwaith gymeradwyaeth fyddarol gan y gynulleidfa. Wrth gwrs, yr oedd César Franck wrth ei fodd o feddwl fod yr offerynwyr yn cael eu cydnabod, heb feddwl mai iddo ef roedd y gynulleidfa'n curo dwylo! Ond ar ôl iddo ddeall, meddai wrth ei ddisgybl Vincent D'Indy (cyfansoddwr Ffrengig a ddaeth yn enwog ymhen blynyddoedd): "Dyma ni, y mae'r cyhoedd yn dechrau deall fy ngherddoriaeth." Nid oeddynt wedi ei deall hyd y noson honno — a hynny pan oedd César Franck yn 69 oed!

Un diwrnod tra rhuthrai o dŷ un disgybl i un arall yng nghanol dinas Paris trawyd Franck gan fws. Rywffordd neu'i gilydd llwyddodd i gyrraedd tŷ ei ddisgybl ac yna fe aeth yn anymwybodol. Ymhen ychydig daeth ato'i hun a mynnodd gario ymlaen gyda'r wers biano. Ond erbyn yr hydref hwnnw yr oedd ei gyflwr wedi gwaethygu ac roedd yn amlwg fod y ddamwain a gawsai wedi effeithio'n arw iawn arno. Bu raid iddo aros yn ei wely, ond mynnodd godi un tro a mynd i'r eglwys i chwarae un o'i hoff ddarnau ef ei hun i'r organ, sef y trydydd corâl allan o'r 'Tri Chorâl i'r Organ'. Dychwelodd adref ac i'w wely drachefn, ond ymhen ychydig yr oedd wedi marw — a'r 'Tri Chorâl i'r Organ' yn agored ar y gwely.

Ar ôl ei farwolaeth yn 1890 daeth enwogrwydd mawr i César Franck ar gyfrif ei gyfansoddiadau. Gwelodd Ffrainc, Gwlad Belg a'r byd fod cyfansoddwr mawr wedi bod yn byw yn eu mysg, ond mae'n drueni na chafodd yr anrhydedd a'r enwogrwydd a oedd yn ddyledus iddo yn ystod ei oes.

Rhai o brif weithiau César Franck

Oratorios   *Ruth* 1846
La Tour de Babel 1865
Les Béatitudes 1880
Rébecca 1881

13

Operâu	*Hulda* 1894
	Ghiselle 1896
Symffonïau	Symffoni yn D Leiaf
	Amrywiadau Symffonig (piano a cherddorfa)
Organ	Tri Chorâl
	Llawer iawn o ddarnau adnabyddus fel *Pièce Héroique*
	Llawer iawn o ddarnau arbennig i'r piano
	Caneuon enwog, e.e. 'Bara Angylion Duw' *(Panis Angelicus)*

14

ANTON BRUCKNER (1824-1896)

Bu farw Anton Bruckner yn y flwyddyn 1896. Dywed rhai mai ef oedd yr olaf o brif gyfansoddwyr y ddeunawfed ganrif yn dilyn yng nghamre mawrion fel Beethoven a Brahms — cewri ym myd y symffoni. Yn anffodus, yn gymharol ddiweddar y daeth cyfansoddiadau Bruckner yn boblogaidd y tu allan i'r gwledydd Almaenaidd oherwydd naws Almaenaidd y gerddoriaeth. Y mae cerddoriaeth Bruckner yn fawr ym mhob ystyr i'r gair. Gelwir ei gerddoriaeth yn 'eglwysi cadeiriol cerddorol' gan lawer oherwydd maint a gogoniant y miwsig.

Clywir mwy a mwy o gerddoriaeth Bruckner heddiw mewn cyngherddau symffonig ac yn enwedig ar y radio. Felly gwelir ei bod wedi cymryd amser maith i'w fiwsig ddod yn boblogaidd — a dyna hanes y cyfansoddwr ei hun hefyd. Cymerodd flynyddoedd i Bruckner sylweddoli mai cerddoriaeth a chyfansoddi oedd ei fyd ac yna cymerodd flynyddoedd wedyn, hyd at ddiwedd ei oes, i'w gerddoriaeth gael y sylw haeddiannol yn ei wlad ei hun. Ond yr oedd Bruckner yn ŵr crefyddol a gredai fod siomedigaeth a hapusrwydd a llwyddiant yn rhan o fywyd pob Cristion; yr oedd ganddo ffydd bendant a derbyniodd y cyfan a ddaeth i'w ran yn ddigwestiwn.

Ganed Anton Bruckner yn Ansfelden yn Awstria yn 1824 i deulu gwerinol, crefyddol. Ysgolfeistr oedd y tad ac fe gafodd ef a'i wraig Theresa un ar ddeg o blant; dim ond pump ohonynt a fu byw ac Anton oedd yr hynaf o'r rheini.

Pan oedd Anton yn bump oed dechreuodd gael gwersi cerdd gan ei dad. Yn yr oes honno byddai swydd ysgolfeistr ac organydd eglwys y pentref yn un, a phan oedd Anton yn ddeg oed yr oedd yn helpu ei dad fel dirprwy-organydd. Yn 1837, fodd bynnag, bu farw'r tad a derbyniwyd y llanc tair ar ddeg oed yn aelod o gôr Abaty St. Florian. Yn ystod ei amser yno cafodd Anton Bruckner wersi organ a ffidil a dyma pryd y dechreuodd gyfansoddi hefyd. Gwnaeth awyrgylch St. Florian argraff fawr ar y cerddor ifanc a thrwy gydol ei oes dychwelai i'r abaty yn aml, naill ai am wyliau neu i encilio am gymorth ysbrydol. Pan fu farw yn 1896, yn y gladdgell o dan organ fawr eglwys yr abaty y claddwyd ei gorff.

Yn 1840 penderfynodd Bruckner ddilyn gyrfa ei dad fel ysgolfeistr a chofrestrodd ar gwrs deng mis yng ngholeg hyfforddi athrawon Linz. Yn 1841 llwyddodd yn yr arholiad ac aeth yn athro trwyddedig i ysgol pentref Windhaag yn Awstria Uchaf. Heddiw gwelir cofeb ar fur hen

Anton Bruckner (1824-1896)

dŷ'r ysgol i goffáu fod Bruckner wedi bod yn ysgolfeistr yno. Cyfnod digon rhyfedd a gafodd yn Windhaag a bu raid iddo wneud pob math o orchwylion yn ogystal â dysgu. Ceir hanes amdano yn gorfod helpu gyda'r cynhaeaf gwair hyd yn oed fel rhan o'i swydd! Ar ôl cyfnod fel ysgolfeistr mewn pentref arall cafodd ei benodi'n athro yn abaty St. Florian yn 1845, ac wrth gwrs dyma gyfnod hapus yn ei hanes oherwydd y dylanwad a gâi awyrgylch St. Florian arno a hefyd natur grefyddol Bruckner ei hun. Yn 1856 cafodd ei benodi'n organydd Eglwys Gadeiriol Linz.

Yn ystod y cyfnod hwn yr oedd Bruckner yn astudio agweddau ar gerddoriaeth ac yn gweithio mor galed fel bu i un o'i athrawon awgrymu iddo y dylai ymbwyllo er lles ei iechyd. Mynnai sefyll llu o arholiadau fel pe bai'n ceisio profi iddo'i hun ei fod yn gymwys. Un o nodweddion amlycaf ei gymeriad oedd ei ansicrwydd a'r teimlad ynddo nad oedd yn ddigon da. Gwelir hyn yn ei weithiau symffonig oherwydd newidiai hwy dro ar ôl tro fel pe bai'n ceisio anelu at ryw berffeithrwydd anghyffwrdd.

Yn ystod ei amser yn Linz penodwyd Bruckner yn arweinydd côr lleol y Liedertafel 'Frohsinn' a maes o law daeth y côr hwn yn adnabyddus ledled Awstria am ei ganu safonol. I Bruckner, a oedd yn hynod fanwl yn yr ymarferiadau, yr oedd y diolch am hyn. Y mae un stori ryfeddol amdano ef a'r côr sy'n profi'r pwynt — un noson yr oedd Bruckner wedi ymarfer rhan o waith corawl laweroedd o weithiau ac wedi dweud wrth y côr fod ei *pianissimo* fel sŵn trwmped yn seinio. Yn yr ymarfer nesaf ni chanodd y côr y rhan honno o gwbl a chan fod Bruckner wedi ymgolli cymaint yn y darn ac yn ei glywed yn ei feddwl, ei ymateb oedd: "Dyna i chi beth yw *pianissimo* — da iawn chi!"

Arwr mawr Bruckner oedd Wagner. Yr oedd yn ei addoli a phan gafodd ei gyflwyno i Wagner safodd yr holl adeg fel pe bai ym mhresenoldeb rhyw dduw! Gan fod bywyd Wagner yn llawn helbul, politicaidd yn ogystal â cherddorol, nid oedd yn boblogaidd ymysg pobl bwysig Fiena ac mae'n bosibl mai cyfeillgarwch Bruckner ag ef, a'i edmygedd ohono, a barodd na chafodd ef y sylw a haeddai yn ystod rhan helaethaf ei oes. Yr oedd un beirniad enwog, Eduard Hanslick, yn haerllug iawn tuag at Bruckner a'i gerddoriaeth ac mae'n amlwg fod Bruckner wedi dioddef llawer oherwydd ei eiriau cas.

Yn 1868 cafodd Bruckner ei benodi'n athro yng ngholeg cerdd Fiena — y Conservatorium — a thua'r adeg hon teithiodd i Ffrainc ac i Lundain hefyd i roi perfformiadau ar yr organ. Yr oedd yn organydd gwych ac fe roddodd gyngherddau yn y Crystal Palace a hefyd ar organ Neuadd Albert.

Gwisgai Bruckner ddillad rhy fawr iddo bob amser, a chan ei fod yn siarad ag acen werinol yr oedd pobl yn dueddol o wneud hwyl am ei ben. Byddai bob amser yn cwtogi gwaelod ei drowsus er mwyn cael digon o ryddid i chwarae pedalau'r organ. Er iddo fod mewn cariad sawl tro,

Abaty St. Florian

hen lanc fu Bruckner ar hyd ei oes. Y mae rhesymau amlwg am hyn — nid oedd yn bosibl ei ddisgrifio fel gŵr golygus — roedd ei ben fel pe bai'n rhy fawr i'w gorff ac, fel y dywedwyd o'r blaen, yr oedd yn gwisgo'n od.

Yn ei hen ddyddiau daeth Bruckner i'r amlwg a derbyniodd anrhydeddau gan Brifysgol Fiena a chan Ymherodr Awstria. Rhoddodd yr Ymherodr Franz Joseff dŷ iddo ger palas y Belvedere ac yn y tŷ hwnnw y bu farw'r cyfansoddwr yn 1896.

Rhai o brif weithiau Anton Bruckner

Symffonïau Rhif 1 yn C leiaf 1866
       Rhif 2 yn C leiaf 1872
       Rhif 3 yn D leiaf 1873
       Rhif 4 yn E meddalnod fwyaf 1874
       Rhif 5 yn B meddalnod fwyaf 1877
       Rhif 6 yn A fwyaf 1881
       Rhif 7 yn E fwyaf 1883
       Rhif 8 yn C leiaf 1887
       Rhif 9 yn D leiaf 1896

Cyfansoddodd symffonïau yn F leiaf (1863) a D leiaf (1864) hefyd.

Newidiodd Bruckner lawer ar y cyfansoddiadau hyn o bryd i'w gilydd gan wella rhai, ychwanegu yma ac acw a thorri allan rannau o symffonïau eraill.

Cyfansoddodd weithiau eglwysig fel *Te Deum* ac *Ave Maria*, anthemau a chaneuon yn ogystal â cherddoriaeth ar gyfer offerynnau.

JOHANN STRAUSS II
(1825-1899)

Yn ystod blynyddoedd cynnar y ganrif ddiwethaf, Fiena oedd prifddinas gerddorol cyfandir Ewrop. I'r ddinas hardd hon y deuai unrhyw gerddor a fynnai ddod yn ei flaen neu wneud enw iddo'i hun fel cyfansoddwr. Dyma hefyd brifddinas cerddoriaeth ysgafn y cyfnod oherwydd, yn bennaf, y gwaith a gyflawnwyd yn y maes hwn gan ddau ŵr enwog iawn, Joseff Lanner a Johann Strauss y Cyntaf. Gŵr ifanc oedd Strauss pan gymerodd yr awenau fel arweinydd cerddorfa Lanner-Strauss a daeth yn enwog maes o law drwy gyfansoddi cerddoriaeth i ddawnsfeydd fel y walts a'r polca. Effeithiodd bywyd prysur cerddor ac arweinydd poblogaidd ar iechyd Strauss; fe'i trawyd yn wael a bu'n dioddef salwch nerfau am gyfnod. Cafodd ei nyrsio'n ofalus iawn bryd hynny gan ei wraig a'i deulu ond, er mawr syndod i bawb, ar ôl iddo wella gadawodd hwy ac ni ddychwelodd atynt.

Pan gerddodd Strauss o'i gartref a gadael ei deulu, disgynnodd cyfrifoldeb trwm ar ysgwyddau ei fab hynaf pedair ar bymtheg oed, 'Schani', fel y gelwid ef gan y teulu. Enw iawn Schani oedd Johann, sef yr un enw â'i dad, a dyna paham y cyfeirir at 'y' Strauss enwog fel Johann Strauss yr Ail neu Johann Strauss II. Oherwydd amgylchiadau, felly, bu'n rhaid i Johann ysgwyddo'r baich o gadw ei fam a'i frodyr a'i chwiorydd rhag llwgu a cholli eu cartref. Er ei fod yn gerddor ac yn feiolinydd medrus, nid oedd tad Johann II wedi gadael iddo ddilyn gyrfa cerddor proffesiynol ac yr oedd cryn ffraeo wedi bod rhwng y ddau ynglŷn â hyn. Ond gan ei fod ar ei ben ei hun bellach anfonodd Johann II at Gyngor Dinas Fiena yn gofyn caniatâd i gael trwydded er mwyn ffurfio ei gerddorfa ei hun i chwarae cerddoriaeth mewn dawnsfeydd a diddori cwsmeriaid yn nhafarndai, neuaddau a thai bwyta'r ddinas. Ar 15 Hydref 1844 fe ymddangosodd Johann Strauss II fel arweinydd am y tro cyntaf yn nhŷ bwyta neu dafarn enwog Domayer yn Fiena. Er mai dim ond rhaglen o bedair walts, tair polca a dau *quadrille* oedd ganddo, roedd ei berfformiad cyntaf yn llwyddiant ysgubol a phawb drwy'r ddinas fawr yn sôn amdano. Bu rhaid iddo ailchwarae un walts bedair gwaith ar bymtheg ar ôl ei gilydd gan fod y dorf yn mynnu clywed mwy a mwy o'i gerddoriaeth! Nid syn felly oedd i gerddorfa Johann y tad ymuno â cherddorfa Johann y mab pan fu farw'r hynaf yn 1849. Dyma ddechrau cyfnod hir a llewyrchus i gerddorfa, cerddoriaeth a phoblogrwydd Johann Strauss, Brenin y Walts.

Johann Strauss II (1825-1899)

Cofgolofn Strauss, yn Fiena

Yr oedd dau frawd Johann, sef Joseff ac Eduard, hefyd yn gerddorion ac yn gyfansoddwyr medrus iawn ac roeddynt hwythau'n arwain y gerddorfa yn eu tro ac yn cyfrannu at gerddoriaeth ysgafn y cyfnod gyda thoreth o waltsiau, polcâu ac yn y blaen.

Bu Johann Strauss yn arwain ei gerddorfa am gyfnod maith ac yn ystod y blynyddoedd hyn yr oedd yn ffefryn mawr gan bobl Fiena, Awstria a chyfandir Ewrop i gyd. Ar ôl cyfnod hir o arwain, ei obaith oedd cael canolbwyntio yn gyfan gwbl ar gyfansoddi, a gweld ychydig ar y byd hefyd. Er mwyn cael gwneud y pethau hyn trosglwyddodd y cyfrifoldeb o arwain y gerddorfa i'w frodyr, Eduard a Joseff.

Yn y flwyddyn 1854 gwahoddwyd Johann Strauss gan gwmni rheilffyrdd o Rwsia i gynnal cyngherddau yn ymyl St. Petersburg o fis Mai hyd fis Medi dros gyfnod o ddeuddeng mlynedd. Cynigiwyd cyflog uchel iawn iddo am y gwaith yn ogystal â chael teithio'n rhad ac am ddim, a bwyd a llety. Bu'r cyngherddau hyn yn llwyddiant ysgubol a thyrrai pobl i wrando arnynt. Yr oedd Strauss mor boblogaidd fel y byddai rhaid iddo adael y neuadd drwy ddrws y cefn wedi'i wisgo mewn dillad dieithr, i dwyllo'r llu edmygwyr oedd yn disgwyl amdano y tu allan!

Nid oedd Strauss yn cyfansoddi cerddoriaeth ysgafn ar gyfer un dosbarth o bobl yn arbennig oherwydd gwyddom fod y cyfansoddwyr mawr fel Brahms, Wagner a Liszt ymhlith ei edmygwyr. Dywedodd Brahms am y walts enwog *An der Schönen Blauen Donau* ('Y Ddonaw Las'), '"Y Ddonaw Las"—nid, yn anffodus, gan Johannes Brahms.'

Ar y Llungwyn, 22 Mai 1899, arweiniodd Johann Strauss ei gerddorfa am y tro olaf; ar 3 Mehefin bu farw yn Fiena yn saith deg a phedair oed. Fe saif cofeb i'r cyfansoddwr yn y Stadpark yn Fiena ac fe'i hedmygir gan drigolion Fiena ac ymwelwyr hefyd. Ar y gofeb tystir bod dros bum cant o weithiau cerddorol Johann Strauss yn boblogaidd hyd heddiw ac nad anghofir hwynt. Mewn sawl ffordd y mae enw Strauss a Fiena fel pe baent yn un. Cynhelir cyngerdd o gerddoriaeth y teulu dawnus hwn bob blwyddyn ar Ddydd Calan yn neuadd hardd y Musikverein yn Fiena, a bydd gwasanaeth teledu Awstria yn darlledu'r cyngerdd i wledydd Ewrop i gyd. Cerddorfa Philharmonig enwog Fiena fydd yn perfformio'r gerddoriaeth.

Rhai o brif weithiau Johann Strauss II

Caneuon	*An der Schönen Blauen Donau*
	Geschichten aus dem Wienerwald
	Wiener Blut
	Wein, Weiß und Gesang
	Morgen Blätter
	Rosen aus dem Süden
	Kaiserwalzer

Operâu ysgafn *Die Fledermaus* ('Yr Ystlum')
Der Zigeunerbaron
Eine Nacht in Venedig

Cyfansoddodd Strauss gannoedd o ddarnau cerddorol, ond y rhai a enwir uchod yw ei weithiau mwyaf adnabyddus.

ANTONÍN DVOŘÁK (1841-1904)

Ganed Antonín Dvořák yn 1841, ym mhentref Nelahozeves , ger Prague yn Tsiecoslofacia. Nid gwlad annibynnol oedd Tsiecoslofacia bryd hynny ond rhan o ymerodraeth Awstria a lywodraethid o Fiena. Tad Dvořák oedd cigydd a thafarnwr y pentref ac yn ôl arfer yr adeg honno y bwriad oedd i Dvořák ddilyn yn ei gamre ef. Pan oedd yn dair ar ddeg oed cafodd Dvořák wersi canu a gwersi ffidil gan ysgolfeistr y pentref a phan oedd yn bedair ar ddeg fe'i hanfonwyd i dref Zlonice lle cafodd wersi gan yr organydd Antonín Liehmann. Symudodd tad Dvořák i fyw i Zlonice ac yno dysgodd grefft cigydd i'r bachgen pymtheg oed.

Rhwng 1857 ac 1859 bu Dvořák yn astudio yn yr Ysgol Organ yn ninas Prague — coleg cerdd adnabyddus iawn bryd hynny. Ar ôl gorffen yn y coleg bu rhaid iddo chwilio am waith a dyma gyfnod dyrys yn hanes y cyfansoddwr ifanc. Anodd iawn yw i ni heddiw amgyffred pa mor galed oedd bywyd cerddor gan mlynedd yn ôl. Rhyw geisio cael gwaith yma ac acw yr oeddynt gan amlaf, a dibynnu'n helaeth ar fympwy rhyw ŵr cyfoethog i'w noddi, heb unrhyw fath o sicrwydd am y dyfodol. Os oedd cerddorion mawr fel Dvořák a Mozart yn cael amser caled ar y cychwyn, beth tybed oedd safon byw cerddorion llai dawnus na hwy?

Yn ystod y cyfnod y bu'n fyfyriwr yn yr Ysgol Organ cyfansoddodd Dvořák lawer o ddarnau byrion. Mae'n fwy na thebyg fod yr amser oedd ganddo i gyfansoddi yn brin iawn rhwng popeth. Ar ôl gadael y coleg bu'n aelod o gerddorfa'r Opera Genedlaethol am un mlynedd ar ddeg, ond aelod tlawd ohoni ydoedd. Yn ei hen ddyddiau, wrth gofio ei ieuenctid, dywedodd ei fod yn rhy dlawd bryd hynny i allu rhentu piano, sefyllfa wirioneddol druenus i gerddor. Yn ddiamau, gwaith Smetana, y cyfansoddwr o Tsiecoslofacia ac arwr mawr gan Dvořák, a ddylanwadodd fwyaf ar ei gyfansoddiadau, fel y cyfaddefodd ef ei hunan.

Yn 1874 penodwyd Dvořák yn organydd Eglwys St. Adalbert ac yn ystod y cyfnod hwn y priododd ag un o'i ddisgyblion — Anna Čermáková. Tua'r un adeg, derbyniodd wobr uchel iawn gan lywodraeth Awstria am gyfansoddi symffoni. Un o'r beirniaid oedd Johannes Brahms ac oherwydd hyn daeth y ddau'n gyfeillion agos a daeth Brahms yn edmygydd mawr o waith Dvořák. Yn sgîl y cyfeillgarwch hwn y daeth Dvořák yn enwog y tu allan i'w wlad ei hun. Er iddo dderbyn sawl anrhydedd am ei waith, gŵr tawel a gwerinol ydoedd yn y bôn. Yr oedd arno ofn croesi'r ffordd mewn tref fawr heb fod rhywun gydag ef. Dau bleser mawr ei fywyd oedd magu a rasio colomennod a gwylio trenau.

Antonín Dvořák (1841-1904)

Yr oedd hefyd yn hoff iawn o longau mawrion a phopeth ynglŷn â hwy.
Ceir sawl stori amdano yn y cyfnod pan oedd yn gyfarwyddwr Coleg
Cerdd Efrog Newydd; pan aeth ei fyfyrwyr i'r dosbarth ryw ddydd
doedd dim golwg o'r athro. Aeth un ohonynt i orsaf y Grand Central a
dyna lle'r oedd Dvořák wedi ymgolli yn y prysurdeb, y sŵn, y stêm a'r
trenau mawr!

26

Yr oedd cerddoriaeth draddodiadol y negroaid yn boblogaidd yn America yng nghyfnod Dvořák a defnyddiodd ef ysbryd y caneuon a'u rhythmau mewn sawl darn cerddorol. Efallai mai gwaith enwocaf y cyfnod yn America oedd ei symffoni Z Novéhosveta ('Byd Newydd'). Yn y gwaith hwn creodd y cyfansoddwr felodïau Americanaidd eu naws yn hynod effeithiol ac fe ystyrir y symffoni hon yn gampwaith.

Er iddo dreulio ychydig flynyddoedd yn America, ni allai Dvořák anghofio ei wlad ei hun. Yr oedd ei hiraeth am gartref yn fawr ac felly yn 1895 ffarweliodd â chyfandir America. Cyfnod ffrwythlon iawn oedd y blynyddoedd 1892-1895 a chafodd ddylanwad cryf arno.

Gartref yn Tsiecoslofacia gyda'i deulu y treuliodd Dvořák weddill ei oes. Bu farw yn 1904. Roedd y golled yn un fawr oherwydd edrychid arno gan ei gydwladwyr fel arwr cenedlaethol.

Y tri phrif ddylanwad ar waith Dvořák oedd cerddoriaeth Smetana, cerddoriaeth Brahms a cherddoriaeth draddodiadol Tsiecoslofacia. Y mae ei fiwsig i gyd wedi ei gyfansoddi'n gywrain a medrus ac mewn ysbryd ysgafn sy'n ei gwneud yn bleser gwrando arno. Yn union fel Haydn o'i flaen, cerddor o dras gwerinol oedd Dvořák a hyn sy'n gwneud ei fiwsig mor hapus a dymunol i'r glust.

Rhai o brif weithiau Antonín Dvořák

Operâu
    Alfred 1870
    Rusalka 1900
    Armida 1902-1903
    a sawl opera arall rhwng 1870-1903

Gweithiau Corawl (rhai ohonynt)
    Stabat Mater 1877
    Salm 149 1879
    Sant Ludmila 1885-1886
    Requiem 1890
    Te Deum 1892

Symffonïau
    C leiaf 1865
    Opus 4 B meddalnod fwyaf 1865
    Opus 10 E meddalnod fwyaf 1873
    Opus 13 D leiaf 1874
    Opus 76 F fwyaf 1875
    Opus 60 D fwyaf 1880
    Opus 70 D leiaf 1885
    Opus 88 G fwyaf 1889
    Opus 95 E leiaf 1893

Consierto i ffidil a cherddorfa, i'r piano, i'r soddgrwth a cherddorfa; caneuon; cerddoriaeth i'r piano, y soddgrwth a'r ffidil; sawl pedwarawd llinynnol, triawdau piano; pumawdau, chwechawd a nifer o amryfal gyfansoddiadau.

EDVARD GRIEG (1843-1907)

Os edrychwch ar fap o Ewrop fe welwch fod Norwy yn rhan ogleddol y map, y rhan honno a elwir Llychlyn. Gyda'i gilydd ffurfia Denmarc, Norwy, Sweden a'r Ffindir wledydd Llychlyn, neu Sgandinafia.

Y mae Norwy yn wlad hynod o brydferth, llawn mynyddoedd uchel ac afonydd yn byrlymu trwy'r dyffrynnoedd. Dyma hefyd wlad y ffiordau — dyffrynnoedd wedi eu boddi gan y môr filoedd o flynyddoedd yn ôl. Y mae Ffiord Hardanger yn ymestyn gan milltir o'r môr hyd at bentref Ulvik. Dyna wlad y cyfansoddwr mawr Edvard Grieg. Ganed Grieg ar 15 Mehefin 1843 yn nhref Bergen sydd ger Ffiord Hardanger; dyma'r dref fwyaf ond un yn Norwy erbyn heddiw. Yr oedd Bergen yn borthladd prysur iawn bryd hynny a marchnad bysgod fawr ar y cei — marchnad sydd mor llewyrchus heddiw ag erioed.

Daethai teulu Grieg i Norwy o Aberdeen yn yr Alban pan ymfudodd hen daid y cyfansoddwr. Cafodd Grieg ei wersi piano cyntaf gan ei fam. Chwech oed oedd ar y pryd ac, fel llawer bachgen arall, nid oedd yn or-hoff o ymarfer. Methai'n lân â sylweddoli fod yn rhaid ymarfer yn gyson i ddysgu canu'r piano yn iawn. Clywai'r bachgen bach gerddoriaeth yn ei gartref oherwydd byddai'r teulu'n byrhau nosweithiau hir y gaeaf drwy ganu a chwarae'r piano. Dechreuodd gyfansoddi darnau o fiwsig pan oedd yn naw oed. Ymweliad Ole Bull, y feiolinydd enwog, â Grieg oedd y digwyddiad pwysicaf yn ei fywyd cynnar. Pymtheg oed oedd ef ar y pryd ac roedd ymweliad y gŵr hwn i gael dylanwad mawr ar ddatblygiad y cerddor ifanc. Pan glywodd Ole Bull y bachgen yn canu'r piano a phan edrychodd ar ei ymdrechion cyfansoddi awgrymodd yn syth y dylid ei anfon i Leipzig yn yr Almaen i astudio cerdd yn y coleg mwyaf adnabyddus yn Ewrop y pryd hynny — y Conservatoire.

Nid oedd Grieg yn hapus o gwbl yn Leipzig ar y cychwyn ac, yn union yr un fath â phan oedd yn ddisgybl yn yr ysgol, roedd yn ddiog ac yn gwrthod ymarfer. Un diwrnod daeth i gysylltiad â myfyriwr arall, Sais o'r enw Arthur Sullivan a ddaeth yn adnabyddus yn ddiweddarach fel rhan o'r bartneriaeth enwog Gilbert a Sullivan. Pan welodd fod Sullivan yn gweithio'n galed, penderfynodd yntau hefyd droi dalen newydd. Gweithiodd mor galed fel y bu iddo'i wneud ei hun yn sâl a bu rhaid iddo ddychwelyd i Bergen i awyr iach y môr i wella. Bu yn Leipzig hyd 1862; erbyn iddo adael y coleg ystyrid ef y myfyriwr gorau a fu yno ers blynyddoedd a chipiasai wobrau uchel am ei waith caled. Erbyn hyn yr oedd yn cyfansoddi cerddoriaeth o bob math. Pan oedd yn dair ar

Edvard Grieg (1843-1907)

Troldhaugen, cartref Grieg

hugain oed symudodd i Christiania (Oslo heddiw) lle y rhoddai wersi piano ac arwain côr, a daeth yn adnabyddus ac yn boblogaidd felly. Un o'r bobl y daeth i'w hadnabod yn y cyfnod hwn oedd y cerddor mawr Niels Gade; dyma'r dyn a ddylanwadodd gymaint, yn ddiweddarach, ar gerddor arall o Sgandinafia, sef Carl Nielsen. Dywedodd Grieg: 'Cefais fwy o fudd wrth astudio efo Gade nag yn ystod yr holl amser y bûm yn Leipzig.'

Efallai mai'r cyfansoddiad cerddorol a wnaeth fwyaf i ddod â Grieg i'r amlwg yn ei flynyddoedd cynnar oedd cerddoriaeth *Peer Gynt.* Yr oedd Henrik Ibsen, y dramodydd enwog o Norwy, wedi ysgrifennu drama o'r enw *Peer Gynt,* a phan ddarllenodd Grieg y gwaith penderfynodd gyfansoddi cerddoriaeth addas i bortreadu'r digwyddiadau yn hanes Peer Gynt. Dyma enwau rhai symudiadau o'r gwaith: Bore, Dawns Anitra, Yn Ogof Brenin y Mynydd. Y mae *Peer Gynt* yn llawn o hanesion cyffrous ac mae'r ddawns wyllt yn ogof y brenin yn ein hatgoffa mai Norwy yw cartref y 'troliau' — y gwŷr dychmygol hynny sy'n byw yn y mynyddoedd a chanddynt goed ac ati yn tyfu o'u clustiau! Yn sgîl y cyfansoddiad hwn daeth Grieg yn enwog y tu allan i Norwy.

Gwaith pwysicaf ieuenctid Grieg, a'r mwyaf ei ddylanwad, oedd ei gonsierto i'r piano; hwn a roddodd iddo fri gwirioneddol. Bellach, cyfrifir y consierto hwn ymhlith y goreuon, yn gyfansoddiad y dylai pob pianydd ei ddysgu a'i berfformio. Mae'n gerddoriaeth sy'n llawn o felodïau a rhythmau Norwy.

Erbyn hyn yr oedd Grieg yn ddigon ariannog i fedru adeiladu tŷ newydd sbon iddo'i hun a'i wraig Nina; priodasai â'i gyfnither Nina Hagerup, cantores dda. Troldhaugen oedd enw eu cartref; adeiladodd Grieg gwt pren yn ei ardd ar lan y ffiord ac yno y cyfansoddai. Os ewch chi i Troldhaugen heddiw fe welwch biano Grieg, ei fwrdd, ei inc a'i bensiliau yn y cwt, yn union fel pe baent yn disgwyl i'r cerddor ddychwelyd i gyfansoddi rhyw gampwaith arall.

Daeth Grieg i Loegr yn 1906 a chafodd Ddoethuriaeth mewn Cerddoriaeth (D.Mus) gan Brifysgol Rhydychen. Bu farw yn 1907 ac yr oedd diwrnod yr angladd yn ddydd o alar drwy Norwy gyfan. Yr oedd siopau Bergen i gyd wedi cau a phawb yn gwylio'r orymdaith. Daeth y brenin, cynrychiolwyr y senedd a phobl o bob rhan o'r byd i'r ardal. Claddwyd llwch Grieg yn y graig ger y tŷ yn Troldhaugen a phan fu farw Nina ei wraig flynyddoedd wedyn yn 1935, yn 90 oed, cafodd hithau ei chladdu gyda'i gŵr. Mae'r bedd yn edrych allan dros y ffiord a'r olygfa gyda'r harddaf yn y byd. Nid yw'n syndod i Grieg gael ei ysbrydoli gan y fath harddwch naturiol. Yr oedd ei gerddoriaeth a'i fywyd yn agos iawn i'r wlad a'i magodd ac, yn wir, Grieg oedd y cyfansoddwr Llychlynaidd cyntaf i ennill enwogrwydd y tu allan i'w wlad ei hun.

Rhai o brif weithiau Edvard Grieg

Consierto i biano a cherddorfa yn A leiaf 1868
Cyfres *Holberg* 1885
Cerddoriaeth i *Peer Gynt* 1888
Dawnsfeydd Symffonig 1898
Cyfres *Sigurd Jorsalfar* 1872
Opera (heb ei gorffen) *Olav Trygvason* 1888
Pedwarawd yn D leiaf 1861
Cerddoriaeth i ffidil a phiano, ffidil a soddgrwth
Cerddoriaeth i'r piano, caneuon, gweithiau corawl

Cyfansoddodd nifer o weithiau gwir fawr — yn enwedig ar gyfer y piano.

JOHN PHILIP SOUSA
(1854-1932)

Cofir am Johann Strauss fel cyfansoddwr cerddoriaeth dawnsio, waltsiau, polcâu, *quadrilles* ac yn y blaen; dyma'r math o gerddoriaeth y byddai pobl yn ei fwynhau ddiwedd y ganrif ddiwethaf a dechrau'r ganrif hon. Cofir am John Philip Sousa fel cyfansoddwr ymdeith-ganeuon. Pwrpas gwreiddiol ymdeithgan, a genid gan seindorf, oedd arwain byddin i wynebu'r gelyn ar faes y gad, ac yn naturiol ceir yn y miwsig rannau cyffrous, digon i wneud i unrhyw un godi ar ei draed, neu fel y dywedodd Sousa ei hun: 'Fe ddylai ymdeithgan dda wneud i ŵr hefo coes bren fod eisiau codi a martsio o gwmpas yr ystafell.'

Ganed Sousa yn Washington D.C., prifddinas America, ar 6 Tachwedd 1854, yn fab i Antonio ac Elizabeth Sousa, ond o Bortiwgal y deuai ei deulu'n wreiddiol. Y mae stori, er nad oes sylfaen iddi hi yn ôl rhai, mai 'So' oedd cyfenw gwreiddiol y teulu a'u bod wedi ychwanegu'r llythrennau 'USA' ar ôl 'So' i wneud 'Sousa' ar ôl ymfudo i America! Yr oedd John Philip Sousa yn un o ddeg o blant a aned i Antonio ac Elizabeth Sousa ac yn gynnar iawn yn ei hanes daeth yn amlwg fod ganddo ddawn gerddorol hynod iawn. Pan nad oedd ond chwech oed cafodd fynd i astudio hefo John Esputa yn ei goleg cerdd gan ddechrau drwy astudio'r ffidil. Ymhen amser cafodd gyfle i ddysgu llawer o offerynnau eraill hefyd. Yn ystod ei gyfnod gydag Esputa enillodd y pum medal a ddyfarnai'r coleg am waith rhagorol. Pan oedd yn dair ar ddeg oed cafodd y llanc gynnig ymuno â band syrcas, o bopeth, a phan glywodd Antonio Sousa am hyn trefnodd i John Philip ymuno â band yr United States Marines. Bu gyda'r band hwnnw am bum mlynedd.

Yn ystod haf 1872 cafodd Sousa gyfle i arwain cerddorfa mewn theatr yn Washington; yr oedd wedi dechrau cyfansoddi erbyn hyn. Bum mlynedd yn ddiweddarach, yn 1876, cafodd swydd bwysig fel feiolinydd yng ngherddorfa'r cyfansoddwr o Ffrainc, Jacques Offenbach, a oedd ar ymweliad ag arddangosfa fawr Philadelphia y flwyddyn honno. Cyfan-soddodd Sousa y ffantasi *International Congress* yn arbennig i Offen-bach. Yn ystod 1880 priododd — yn ôl pob tystiolaeth — â merch a oedd yn dal yn ddisgybl ysgol ar y pryd!

Cam pwysig iawn yn hanes Sousa oedd ei benodi'n arweinydd band y Marines ym mis Medi 1880, swydd y bu ynddi am ddeuddeng mlynedd. Oherwydd ei frwdfrydedd a'i ddawn, daeth y band yn un o fandiau

John Philip Sousa (1854-1932)

enwocaf y byd i gyd. Yn ystod y cyfnod hwn cyfansoddodd rai o'i weithiau adnabyddus: *Washington Post March* (1889); *The High School Cadets* (1890); *The Gladiator, Semper Fidelis* (1888); *Hands Across the Sea* (1899); *King Cotton* (1897); a'r enwocaf o'r cwbl efallai, sef *Liberty Bell* (1893).

Ar ôl deuddeng mlynedd gyda'r Marines, cafodd Sousa gynnig cefnogaeth ariannol i sefydlu ei fand ei hun. Yn 1892 yn Plainfield, New Jersey, ymddangosodd band Sousa am y tro cyntaf. Ar ôl dechrau braidd yn sigledig daeth enwogrwydd buan iawn i Sousa a'i fand.

Cawsant wahoddiad i ymddangos yn Ffair Fawr y Byd yn Chicago yn 1893. Diddorol yw cofnodi fod Côr Meibion y Penrhyn o Fethesda yn Arfon wedi perfformio yn y ffair honno hefyd. Ar ôl llwyddiant ysgubol yn Chicago, gwahoddwyd Sousa a'i fand i deithio ledled America i roi cyngherddau. Daeth hefyd i Ewrop bedair gwaith ac yn ystod 1910-1912 teithiodd y band o amgylch y byd.

Yn ystod cyfnod olaf Rhyfel Mawr 1914-1918, ar ôl i America ymuno yn y rhyfel, Sousa oedd yn gyfrifol am holl fandiau Llynges yr Unol Daleithiau.

Oherwydd ei allu fel cyfansoddwr a'i ddawn fel cerddor derbyniodd Sousa lawer iawn o anrhydeddau gan ei wlad ei hun yn ogystal â chan wledydd tramor. Cyfansoddodd dros gant o ymdeithganeuon a phob un yn ddiamau yn dwyn stamp ac yn dangos medr Sousa. Yn 1897 cyfansoddodd yr enwog *Stars and Stripes Forever,* ac am gyfansoddi hon yn unig, cafodd 300,000 o ddoleri!

Yn ystod ei yrfa cyfansoddodd Sousa amrywiaeth eang o weithiau gan gynnwys dros hanner cant o ganeuon, chwe walts, dau agorawd a llawer iawn o ddarnau eraill. Diddorol yw gweld ei fod hefyd yn nofelydd; cyhoeddwyd *The Fifth String* yn 1902, *Pipetown Sands* yn 1905 a *Transit of Venus* yn 1902.

Yr oedd John Philip Sousa yn gymeriad hoffus iawn ac, yn ôl pob sôn, yn ŵr ffraeth. Câi gymeradwyaeth fawr iawn ar ôl pob ymddangosiad gyda'i fand, ble bynnag yr âi. Diddordebau oriau hamdden Sousa oedd marchogaeth a saethu — dau bleser a ddangosai'n glir mai Americanwr i'r carn ydoedd. Yr oedd perfformiadau'r band ar lwyfannau'r byd yn llawn hwyl a sbri ac eto'n dangos mai o'r Byd Newydd lle'r oedd pethau'n dra gwahanol y deuai'r arweinydd a'i fand.

Y mae'n anodd sylweddoli weithiau sut mae ambell gyfansoddwr yn gallu taro ar alaw sy'n gafael yn y cyhoedd yn syth ac, yn wir, sut mae cyfansoddwr yn mynd ati i gyfansoddi. Dyma sut y cyfansoddwyd *Stars and Stripes Forever.* Wrth deithio ar draws Môr Iwerydd ar fwrdd llong yr oedd Sousa yn cael ei boeni gan ryw alaw a drôi yn ei feddwl ar hyd y dydd; wrth godi bob bore ac wrth fynd i gysgu'r hwyr nid oedd yn gallu cael gwared o'r alaw o'i ben. Pan gyrhaeddodd Efrog Newydd ysgrifennodd Sousa yr alaw ar bapur a'i defnyddio fel sylfaen i ysgrifennu *Stars and Stripes Forever* ym mis Ebrill 1897.

Bu Sousa farw yn frawychus o sydyn yn ei gartref yn 1932 ac fe'i claddwyd yn Washington ymysg mawrion ei wlad.

Teithiodd Sousa a'i fand ledled y byd, dros filiwn a chwarter o filltiroedd ar fôr a thir. Ar un daith i Gymru yr oedd y band i roi cyngerdd yn nhref Merthyr yn y De. Gan fod y band mor fawr bu rhaid ehangu'r llwyfan. Yn ystod y cyngerdd dymchwelodd rhan o'r llwyfan a diflannodd hanner y band — ond aeth y cyngerdd ymlaen gyda'r hanner arall!

Gan fod bron pob un o gerddorion America ar un adeg yn estron o wledydd Ewrop a phob un yn edrych yn grand efo locsyn a mwstash, penderfynodd Sousa yntau dyfu locsyn a mwstash. Y canlyniad oedd i Americanwyr ei gymryd o ddifrif fel cyfansoddwr a cherddor; mae'n rhyfedd meddwl erbyn heddiw mai locsyn Sousa a ddaeth ag ef i amlygrwydd gyntaf!

Rhai o brif weithiau John Philip Sousa

Stars and Stripes Forever 1897
Liberty Bell 1893
Washington Post March 1889
The High School Cadets 1890
Semper Fidelis 1888
Hands Across the Sea 1899
King Cotton 1897
El Capitan 1896

EDWARD ELGAR (1857-1934)

Ganed Elgar yn Broadheath ger Caerwrangon yn 1857. Yr oedd ei dad yn gerddor; canai'r organ mewn eglwys Babyddol ac roedd yn berchennog siop gerdd yng Nghaerwrangon. Byddai Elgar yn helpu yn y siop ac wrth wneud hynny daeth yn gyfarwydd â darnau o gerddoriaeth ac offerynnau o bob math. Cafodd wersi ar y piano, yr organ, y ffidil, y baswn a'r trombôn gan ei dad, ond y ffidil oedd ei ffefryn o'r cwbl. Yn Broadheath heddiw y mae cartref Elgar yn amgueddfa hynod ddiddorol lle gellir gweld darluniau o'r cyfansoddwr, rhywfaint o'i gerddoriaeth yn ei lawysgrifen ei hun a llawer o gelfi o'i eiddo; yno hefyd y mae ei ffidil. Y ffidil oedd hoff offeryn y cerddor pan chwaraeai mewn cerddorfa yn ei ddyddiau cynnar hefyd. Ar un adeg, Elgar oedd cyfarwyddwr cerdd cerddorfa ysbyty'r meddwl yng Nghaerwrangon.

Fel y dywedwyd, tad Elgar oedd ei athro cyntaf ac yna bu'n ei addysgu ei hun. Nid oedd ganddo'r adnoddau ariannol i'w alluogi i fynd i goleg cerdd. Pan oedd yn llanc yn ei arddegau ysgrifennodd lawer o gerddoriaeth, yn enwedig i'w ffrindiau. Yn 1884 cafodd ei waith *Sevillana* ei berfformio yn y Crystal Palace yn Llundain ac mae'n fwy na thebyg mai'r gwaith hwn a ddaeth ag enwogrwydd i Elgar yn myd cerddoriaeth. Yr oedd hefyd wedi cyfansoddi darnau o gerddoriaeth yn arbennig ar gyfer yr ŵyl fawr, y Three Choirs Festival sy'n symud yn flynyddol o Gaerwrangon i Henffordd ac yna i Gaerloyw — yr ŵyl gerdd hynaf yn Ewrop. Yn 1899 cyfansoddodd Elgar yr *Enigma Variations* ac mae'n sicr mai'r gwaith godidog hwn a'i sefydlodd fel cyfansoddwr mawr, oherwydd cafodd ei berfformio yn Llundain gan yr arweinydd byd-enwog, Hans Richter. Erbyn hyn yr oedd Elgar wedi priodi, a chan fod arian yn brin a phapur pwrpasol mor ddrud byddai ei wraig yn paratoi papur cyfansoddi iddo.

Yr oedd Elgar yn meddwl y byd o'i wraig ac, yn sicr, ei chefnogaeth hi a'i symbylodd i ymdrechu'n galed. Yr oedd ganddi ffydd yng ngallu a gwybodaeth ei gŵr. Yn 1901 cyfansoddodd ei oratorio fawreddog *The Dream of Gerontius* ('Breuddwyd Gerontius'). Ni chafodd y gwaith fawr o sylw pan berfformiwyd ef gyntaf yn Birmingham, ond pan berfformiwyd yr oratorio yn yr Almaen yn fuan wedyn, cafodd sylw a phoblogrwydd, a daeth yn boblogaidd yn Lloegr hefyd maes o law.

Ar ôl hyn ymddangosodd y campweithiau un ar ôl y llall — dau symffoni, dwy oratorio, ac yn eu sgîl anrhydeddau o bob math. Yn 1904 urddwyd Elgar yn farchog; cafodd yr O.M. (Order of Merit) yn 1911,

Edward Elgar (1857-1934)

gwnaed ef yn farwnig yn 1931 ac fe'i hanrhydeddwyd â swydd Meistr Cerdd y Brenin yn 1924. Derbyniodd radd Doethur er Anrhydedd o sawl prifysgol hefyd.

Bu farw gwraig Elgar yn 1920 a bu hyn yn ergyd drom iddo; roedd fel pe bai wedi colli ei ysbryd yn llwyr wedi hynny. Daliai i gyfansoddi mân ddarnau o gerddoriaeth, ond nid oedd yr ysbrydoliaeth na'r ewyllys i gyfansoddi mor amlwg. Bu farw yn 1934 yn ŵr unig a thrist.

Yr oedd Elgar yn gyfansoddwr a berthynai i gyfnod arbennig, sef oes Edward VII pan oedd Prydain Fawr yn anterth ei nerth a'i dylanwad yn fyd-eang. Yr oedd Prydeindod yn syniad i ymffrostio ynddo ac felly roedd angen cerddoriaeth gyffelyb. Dyna gyfnod y *Pomp and Circumstance Marches,* ac nid oes well enghraifft o'r rhain na'r enwog *Land of Hope and Glory;* cyfansoddwyd geiriau honno gan un o ysgolheigion Prifysgol Rhydychen.

Cyfeiriwyd eisoes at yr anrhydeddau a ddaeth i ran Elgar. Un anrhydedd a roddodd bleser mawr iddo oedd cael enwi trên ar ei ôl, sef rhif 3414 — 'Syr Edward Elgar'.

Cyn cloi, awn yn ôl at un o gyfansoddiadau mwyaf trawiadol Elgar, sef yr *Enigma Variations.* Ystyr y gair Saesneg *enigma* yw 'dirgelwch', ac yn sicr mae dirgelwch mawr yn y gwaith hwn. Un diwrnod daeth y cyfansoddwr adref, eisteddodd wrth y piano a dechreuodd chwarae. Daeth Mrs. Elgar i'r ystafell a dywedodd wrth ei gŵr ei bod hi'n mwynhau'r dôn a chwaraeai. 'Pa un?' meddai Elgar, a dyma ddechrau eto. 'Dyna hi unwaith eto,' meddai Mrs. Elgar. 'Rwy'n credu fod y gerddoriaeth yna'n f'atgoffa o Billy Baker,' meddai Elgar a dyma'r ddau'n dechrau chwerthin. Cymydog iddynt oedd Billy Baker ac yn wir yr oedd y miwsig yn eu hatgoffa ohono. Tarodd Elgar ar y syniad o ddefnyddio'r un dôn mewn gwahanol ffyrdd i ddisgrifio rhagor o'i ffrindiau. Ond y dirgelwch mawr yw fod y dôn a ddefnyddir gan Elgar yn debyg iawn i ryw felodi arall nad yw'n cael ei defnyddio o gwbl yn y gwaith. Y mae 14 o amrywiadau ar yr alaw a phob un â llythrennau wedi eu hysgrifennu ar eu cychwyn yn dynodi enw'r person a bortreadir gan y cyfansoddwr.

Elgar oedd y cyfansoddwr cyntaf o sylwedd yn Lloegr ers dyddiau Henry Purcell yn yr ail ganrif ar bymtheg. Rhoddodd gerddoriaeth Lloegr yn ôl ar y map cerddorol mewn cyfnod pan oedd cewri cerddorol y cyfandir yn cael y sylw i gyd.

Ar un adeg, yn gynharach yn y ganrif hon, roedd cerddoriaeth Elgar yn cael ei hystyried yn hen ffasiwn oherwydd y cysylltiad agos â'r cyfnod cyn y Rhyfel Byd Cyntaf, ond gyda'r blynyddoedd daethpwyd i ailystyried ei symffonïau a'i weithiau mawr a chynyddodd y gwerthfawrogiad o'u cywreinrwydd a'u mawredd.

Rhai o brif weithiau Edward Elgar

Offerynnol   *Enigma Variations* 1899
Pomp and Circumstance Marches 1901-1930

Agorawd *Cockaigne* 1901
Rhagarweiniad ac *Allegro* 1905
Dau symffoni 1908 ac 1913
Consierto i'r ffidil 1910
Consierto i'r soddgrwth 1919

Corawl
The Black Knight (cantawd) 1893
The Light of Life (oratorio) 1896
Caractacus (cantawd) 1898
The Dream of Gerontius (oratorio) 1900
The Apostles (oratorio) 1903
The Kingdom (oratorio) 1906
The Music Maker (awdl gorawl) 1912

Cyfansoddodd Elgar lawer o ganeuon (unawdau) a cherddoriaeth gorawl i gorau cymysg a chorau meibion yn ogystal â llawer o gerddoriaeth offerynnol.

GUSTAV MAHLER (1860-1911)

Ganed Gustav Mahler yn 1860 ym mhentref bach Kališt, ger y ffin rhwng Bohemia a Morafia yn ymerodraeth Awstria, ond symudodd y teulu oddi yno'n fuan wedyn i dref gyfagos o'r enw Jihlava. Daeth dawn gerddorol y bachgen Gustav i'r amlwg yn fuan iawn a phan oedd yn bymtheg oed aeth ei dad ag ef i'r Conservatoire yn Fiena — coleg enwog i gerddorion — lle dechreuodd astudio'r piano gyda Julius Epstein, harmoni gyda Robert Fuchs a chyfansoddi gyda Franz Krenn, y tri'n athrawon enwog yn eu dydd.

Ar ôl gadael y coleg penderfynodd Mahler mai arweinydd yr hoffai fod, gan fod ganddo ddawn arbennig yn y maes hwn. Dechreuodd ei yrfa trwy arwain mewn tai opera mewn sawl tref fechan ond roedd rhaid iddo roi gwersi piano hefyd er mwyn sicrhau digon o arian at ei fyw. Y mae'n amlwg nad oedd yn mwynhau dysgu'r piano; edrychai ar y rhan hon o'i waith fel gorchwyl anniddorol. Yn 1883 penodwyd Mahler yn arweinydd tŷ opera Kassel yn yr Almaen a dyma'r penodiad pwysig cyntaf iddo ar ôl gadael y coleg. Yn 1885 symudodd i Prague ac erbyn hyn yr oedd ei ddawn fel arweinydd wedi sicrhau enwogrwydd iddo yn y gwledydd Almaenaidd. Ar ôl cyfnod byr fel arweinydd yn Leipzig symudodd unwaith eto, y tro hwn i dŷ opera enwog yn Budapest yn Hwngari. Yr oedd Mahler yn gweithio'n galed, ac yn disgwyl yr un ymroddiad gan bawb arall, yn ôl pob sôn, nes byddai'r perfformiadau dan ei ofal yn union fel yr hoffai ef iddynt fod. Yr oedd sôn mawr am operâu Budapest a'r perfformiadau gwych a geid yno. Ceir tystiolaeth o hyn yng ngeiriau Johannes Brahms a ddywedodd: 'Os ydych am glywed *Don Giovanni* fel y dylai fod, ewch i Budapest.' Yn 1891 symudodd Mahler i Hamburg lle'r arhosodd hyd 1896. Yn Hamburg yr oedd ganddo gerddorfa wych ac unawdwyr medrus.

Iddew oedd Mahler, a chan fod hynny'n fwy o rwystr nag o gymorth i ddyn fynd yn ei flaen gan mlynedd yn ôl, derbyniwyd ef i'r Eglwys Babyddol. Beirniada ambell un ef am hyn gan ddweud ei fod yn fodlon gwneud unrhyw beth er mwyn ei wella ei hun; ond pwy a ŵyr nad oedd efallai wedi penderfynu'n ddiffuant ei fod am fod yn Gristion? Yn 1897 penodwyd Mahler yn gyfarwyddwr tŷ opera enwocaf Ewrop, sef tŷ opera Fiena. Dyma gyfnod euraidd y tŷ opera hwn. Gweithiodd Mahler yn galed tra oedd yn Fiena a chododd y safon y tu hwnt i ddychymyg llawer yn yr oes honno. Er iddo ddod yn enwog a pherffeithio'r opera fel cyfrwng cerddorol, gwnaeth lawer iawn o elynion iddo'i hun yn y fargen; o'r diwedd yn 1907, wedi blino ar ymddygiad pobl tuag ato er gwaetha'i lwyddiant, penderfynodd roi'r gorau i'w swydd.

Gustav Mahler (1860-1911)

Dim ond am Mahler yr arweinydd y soniwyd hyd yma, ond yn ystod yr ychydig amser rhydd a oedd ganddo byddai'n cyfansoddi hefyd, yn enwedig ym misoedd yr haf pan oedd ar wyliau. Yn ystod ei wyliau ger llyn Attersee yn Awstria y cyfansoddodd ei ail a'i drydydd symffoni. Yn ddiweddarach cafodd dŷ yn Maiernigg ger y Wörthersee yn Carinthia, Awstria, lle y byddai'n ymlacio gyda'i wraig Alma a'i ddwy ferch. Yma y cyfansoddodd symffonïau 5, 6, 7 ac 8 rhwng 1901 ac 1906. Yn 1907 bu farw ei ferch hynaf a hithau'n ddim ond pump oed; bu hynny'n ergyd drom iddo. Yr un flwyddyn darganfuwyd ei fod ef yn dioddef o glefyd y galon, ac o ganlyniad i hyn bu rhaid iddo arafu a chymryd mwy o ofal ohono'i hun. Yr oedd Mahler yn ŵr egnïol ac yn hoff o fyd natur — fel y prawf ei gerddoriaeth. Hoffai gerdded, dringo a nofio.

Yn fuan ar ôl iddo ymddiswyddo o dŷ opera Fiena daeth gwahoddiad i Mahler fynd i Efrog Newydd fel cyfarwyddwr cerdd y tŷ opera enwog — y Metropolitan. Er ei fod yn ddyn gwael ei iechyd, yr oedd y gwahoddiad a'r posibiliadau a oedd ynghlwm wrtho yn ormod o demtasiwn iddo. Derbyniodd y gwahoddiad gan obeithio y byddai'n helpu ei sefyllfa ariannol fel y câi ymddeol a rhoi ei holl amser i gyfansoddi.

Dychwelodd Mahler i Awstria ar ôl cyfnod llewyrchus yn Efrog Newydd, ac yn ystod ei wyliau yn Toblach cyfansoddodd y *Das Lied von der Erde* ('Cân y Ddaear'). Aeth yn ôl i America ym mis Hydref 1910 ond ymhen ychydig fisoedd gwaethygodd ei iechyd a pherswadiwyd ef i symud i fyw i Baris lle gobeithid ei wella drwy ddefnyddio techneg newydd. Ond methiant fu'r cynnig, ac yn unol â'i ddewis ei hun dychwelodd i Fiena lle bu farw ar 18 Mai 1911.

Cyfansoddodd Mahler naw symffoni yn ystod y blynyddoedd rhwng 1884 ac 1910. Cyfansoddodd ddegfed symffoni, ond nis gorffennodd. Cyfeiriwyd eisoes at y *Das Lied von der Erde* — gosodiad o nifer o gerddi o Tsieina — ar gyfer alto, tenor a cherddorfa. Mae gweithiau cerddorol Mahler ar y cyfan yn hir a thrwm ac angen cerddorfa a chanddi adnoddau enfawr i'w perfformio; oherwydd hyn buont yn ddigon amhoblogaidd am flynyddoedd. Heddiw, wrth gwrs, edmygir cerddoriaeth Mahler.

Gellir gweld pa mor faith yw symffonïau Mahler drwy gymharu record hir o un o symffonïau Mozart â symffoni ganddo ef. Cymer symffoni gan Mozart ochr gyfan un record, ond rhaid wrth ddwy record gyfan ar gyfer un o symffonïau Mahler.

Rhai o brif weithiau Gustav Mahler

Symffonïau   Rhif 1 yn D fwyaf 1888
Rhif 2 yn C leiaf 1894
Rhif 3 yn D leiaf 1895
Rhif 4 yn G fwyaf 1900

Rhif 5 yn C llonnod leiaf 1902
Rhif 6 yn A leiaf 1904
Rhif 7 yn E leiaf 1905
Rhif 8 yn E meddalnod fwyaf 1907
Rhif 9 yn D fwyaf 1909
Rhif 10 (Gorffennwyd hwn gan awdurdod ar Mahler, Deryck Cook, ac fe'i perfformiwyd am y tro cyntaf yn 1964.)

Das Lied von der Erde ('Cân y Ddaear')
42 o ganeuon a llawer o weithiau eraill.

CARL AUGUST NIELSEN
(1865-1931)

Ganed Carl Nielsen, cyfansoddwr mwyaf Denmarc, ar ynys Funen ar 9 Mehefin 1865. Dyma lle ganed ac y maged yr awdur storïau i blant, Hans Christian Andersen, hefyd. Pentref Sortelung ym mhlwyf Norre-Lyndelse yng nghanol yr ynys oedd man geni Nielsen. Gwerinwyr tlawd oedd ei rieni; peintiwr tai oedd ei dad wrth ei alwedigaeth, ond byddai hefyd yn rhoi help llaw o bryd i'w gilydd ar y ffermydd lleol. Carl oedd y seithfed o ddeuddeg plentyn a aned i Niels a Maren ac, fel y gellir dychmygu, roedd cryn waith bwydo a dilladu ar y teulu cyfan, a chyflog peintiwr yn bitw. Byddai Niels hefyd yn mynd o gwmpas Funen yn chwarae'r ffidil mewn priodasau ac ar wahanol achlysuron eraill a byddai'r ychydig arian a dderbyniai felly yn gymorth i gynnal ei deulu. Byddai hefyd yn rhoi gwersi cerddoriaeth a dawnsio yn lleol. Gwelir felly fod Carl Nielsen a'i frodyr a'i chwiorydd wedi eu magu mewn awyrgylch gerddorol ac nid yw'n syndod fod un ohonynt wedi datblygu'n gerddor.

Mewn llyfr o'i waith ei hun dywed Carl Nielsen ei hanes cynnar yn fachgen ar ynys Funen a disgrifia fywyd y werin bobl mewn dull deniadol. Yr oedd Nielsen yn gallu ysgrifennu rhyddiaith yn ogystal â cherddoriaeth. Y mae cariad Nielsen tuag at fyd natur yn amlwg yn ei weithiau cerddorol; roedd y nodwedd hon yn rhan bwysig o gymeriad y cyfansoddwr hefyd ac mae'n bosibl mai'r rheswm am hyn yw iddo fod mewn cysylltiad mor agos â natur yn ystod ei blentyndod. Pan oedd yn fachgen arferai Carl Nielsen weithio ar y ffermydd lleol yn gwarchod y gwartheg a'r gwyddau. Gorweddai am oriau yn y meysydd yn gwylio'r cymylau'n pasio, ac yn syllu ar symud rhythmig y gwenith yn y caeau. Yr oedd ei ymwybyddiaeth o natur ac o fywyd yn bwysig yn natblygiad ei gerddoriaeth.

Un diwrnod, ac yntau gartref yn dioddef o'r frech goch, cafodd Carl afael yn ffidil ei dad a chwaraeodd ychydig nodau ar y llinynnau. Ymateb cyntaf Niels oedd cymryd y ffidil oddi arno a'i thiwnio! Yn ddiweddarach cafodd y bachgen ychydig wersi gan ei dad a'r fraint o fynd i'r priodasau a'r dawnsfeydd i'w helpu. Cyfansoddai Nielsen alawon syml i'w defnyddio yn y dathliadau hyn hefyd.

Yn ystod y cyfnod cynnar hwn byddai Carl Nielsen yn mynd i gyngherddau lleol a gynhelid dan nawdd cymdeithasau cerdd, a thrwy

Carl August Nielsen (1865-1931)

hyn daeth i gysylltiad â cherddoriaeth y meistri. Erbyn ei fod yn bymtheg oed yr oedd wedi cael gwaith mewn siop groser ond yr oedd â'i fryd ar fod yn gerddor. Dyma'r adeg y perswadiwyd Nielsen gan ei dad i geisio dysgu canu offeryn newydd. Mis o amser a gymerodd ef i feistroli'r corn *(bugle)*. Penderfynodd wedyn geisio am le fel offerynnwr yn seindorf y fyddin yn nhref Odense ar ynys Funen. Enillodd ei le a dyna ddechrau ei yrfa fel cerddor proffesiynol.

Parhaodd Nielsen i astudio ac ymarfer y ffidil a dysgodd sut i ganu'r piano yn ogystal â chyfansoddi gweithiau fel sonata i'r ffidil, pedwarawd llinynnol ac yn y blaen. Daeth trobwynt yn ei hanes pan aeth i Copenhagen i weld cyfarwyddwr y Coleg Cerdd, y cyfansoddwr enwog Niels W. Gade, gyda'r bwriad o gofrestru ar gwrs yno. Ar ôl i Gade ddarllen rhai o'i weithiau, derbyniwyd Nielsen yn efrydiwr a dechreuodd ar ei astudiaethau ym mis Ionawr 1884 gan ganolbwyntio yn bennaf ar y ffidil. Ar ôl gorffen ei gwrs coleg, fe'i penodwyd yn feiolinydd yng Ngherddorfa Frenhinol yr Opera lle'r arhosodd hyd 1905, pan benderfynodd roi ei holl amser i gyfansoddi.

Yn 1890 derbyniodd Nielsen un o ysgoloriaethau gorau'r cyfnod i astudio cerddoriaeth yn yr Almaen, Ffrainc a'r Eidal. Tra oedd ym Mharis cyfarfu ag Anne Marie Brodersen, cerflunydd o Ddenmarc a ddaeth yn enwog yn ei maes ei hun gydag amser, ac ymhen dim o dro roedd y ddau'n briod.

Yn 1908 penodwyd Nielsen yn arweinydd opera y Theatr Frenhinol. Yn ôl pob tystiolaeth, nid oedd yn arweinydd da a byddai trafferthion byth a hefyd rhyngddo ef a'r gerddorfa. Cyfansoddai'n rheolaidd yn ystod y cyfnod hwn ac y mae rhestr ei gyfansoddiadau'n faith.

Yn 1930, flwyddyn cyn ei farw, penodwyd Nielsen yn gyfarwyddwr Coleg Cerdd Copenhagen.

Fel yr â'r blynyddoedd heibio y mae poblogrwydd Nielsen yn tyfu. Disgrifir ef gan lawer bellach fel cyfansoddwr symffonig mwyaf yr ugeinfed ganrif, ac nid oes amheuaeth ynglŷn â'i statws ym myd cyfansoddi'n gyffredinol. Yn ei wlad ei hun yr oedd yn arwr a phan fu farw cafodd angladd fel angladd brenin. Am ddyddiau cyn y gwasanaeth ymdeithiodd cannoedd o bobl heibio i'r elor i dalu'r gymwynas olaf i ŵr a aned mewn tlodi mawr, ac a ddaeth yn enwog yn ei faes ei hun, ond heb anghofio er hynny ei wreiddiau, ei gefndir na'i wlad.

Rhai o brif weithiau Carl August Nielsen

Operâu *Saul og David* 1898-1901
Maskarade 1904-1906

Symffonïau Rhif 1 yn G leiaf 1891-1892
Rhif 2 1901-1902
Rhif 3 1910-1911

```
        Rhif 4  1914-1916
        Rhif 5  1921-1922
        Rhif 6  1924-1925
```

Gweithiau corawl *Hymnus Amoris*
               'Cwsg'
               'Gwanwyn yn Funen'

Consierto i'r ffliwt, ffidil, clarinet. Sawl pedwarawd, pumawd a darnau unigol i offerynnau.

Y gwaith olaf i Nielsen ei gyfansoddi oedd *Commotio* — darn i'r organ.

GUSTAV THEODORE VON HOLST (1874-1934)

Tŷ cyffredin mewn stryd yn nhref ffasiynol Cheltenham yn Lloegr yw rhif 4, Ffordd Clarence. Yn y flwyddyn 1874, Pittville Terrace oedd enw'r stryd ac yn rhif 4 yr oedd teulu Adolph von Holst yn byw. Ar 21 Medi y flwyddyn honno ganed bachgen i Adolph a Clara von Holst ac fe'i bedyddiwyd yn Gustav Theodore von Holst. Fel Elgar a Delius, tyfodd Gustav i fod yn un o gyfansoddwyr mawr Lloegr. Roedd teulu Holst yn hanfod o Riga ac yn gymysgedd o deulu o wledydd Llychlyn a chefndryd o'r Almaen a Rwsia. Daethai Gustavus von Holst (taid y cyfansoddwr) i fyw i Cheltenham yn Lloegr, ac yna ar ôl priodi ymsefydlodd yn y dref fel athro telyn a phiano. Yr oedd tad y cyfansoddwr hefyd yn gerddor, yn rhoi gwersi piano ac yn organydd hefyd yn Eglwys yr Holl Saint am flynyddoedd lawer.

Yr oedd Gustav Holst yn hoff iawn o gerddoriaeth; nid yw hyn yn syndod o ddarllen am weithgareddau cerddorol ei dad, ei daid a'i hen daid. Byddai'r bachgen ifanc yn ymarfer y piano bob dydd o dan gyfarwyddyd ei dad. Yn ystod ei blentyndod yr oedd Gustav yn blentyn gwan ac yn dioddef o asma. Nid oedd ei olwg yn dda iawn chwaith ac ym mhob llun ohono mae'r cyfansoddwr yn gwisgo sbectol.

Tra oedd yn ddisgybl yn Ysgol Ramadeg Cheltenham dechreuodd Holst ymddiddori mewn cyfansoddi. Ei hoff gyfansoddwr oedd Edvard Grieg ac edrychai ymlaen yn eiddgar at ymarfer unrhyw ddarn newydd o gerddoriaeth ganddo ef. Ond oherwydd nad oedd ei dad yn or-hoff o ddarnau modern y cyfnod byddai Holst yn disgwyl i'w dad fynd o'r tŷ cyn mentro ymarfer y gerddoriaeth newydd.

Ar ôl tyfu'n ŵr ifanc hoffai Holst fynd am dro ar gefn beic i'r wlad o gwmpas ardal y Cotswolds, ac mae'n siŵr fod y profiadau hyn wedi dylanwadu ar ei gyfansoddiadau, yn union fel y bu crwydro ardal bryniau Malvern yn ddylanwad ar Elgar a'i gerddoriaeth. Pan oedd Holst yn ddwy ar bymtheg oed fe'i penodwyd yn organydd eglwys pentref Wyck Rissington. Tua'r un adeg gofynnwyd iddo arwain cymdeithas gorawl pentref hyfryd Bourton-on-the-Water ac wrth reidio'i feic rhwng y ddau bentref daeth i garu'r wlad o gwmpas yn fawr.

Wrth ddarllen hanesion am lu o gyfansoddwyr fel Handel, Beethoven, Schumann a'u tebyg, gwelwn fod tad pob un ohonynt wedi gobeithio i'w fachgen fod naill ai'n bianydd enwog neu'n gyfreithiwr, ond yn aml iawn, yn groes i'w dymuniad hwy y digwyddodd pethau. Yr oedd tad Holst yn awyddus iddo fod yn bianydd enwog ond oherwydd

Gustav Theodore von Holst (1874-1934)

fod Holst yn dioddef o *neuritis* yn ei fraich dde nid oedd yn gallu ymarfer am oriau hir. Felly anfonwyd y bachgen i'r Coleg Cerdd Brenhinol yn Llundain i gael gwersi cyfansoddi gan neb llai na'r cerddor enwog Syr Charles Villiers Stanford, un o bileri cadarn y sefydliad cerdd yn Llundain. Gwelodd Stanford yn fuan fod Holst yn weithiwr caled iawn, ond yn anffodus nid oedd yn disgleirio'r adeg honno fel cyfansoddwr. Hoffai ganu'r trombôn ac yn ystod gwyliau'r haf byddai'n ymuno â bandiau i ddiddori ymwelwyr ar lan y môr.

Yn ystod ei ddyddiau coleg daeth Holst yn gyfeillgar â chyfansoddwr enwog arall, sef Ralph Vaughan Williams, a bu'r ddau'n ffrindiau mawr am flynyddoedd maith. Ar ôl gadael y coleg priododd Holst a derbyniodd wahoddiad i fod yn athro yn ysgol y merched, Coleg Morley yn Llundain. Erbyn hyn yr oedd wedi rhoi'r gorau i'r trombôn er mwyn canolbwyntio ar gyfansoddi. Er ei fod yn cyfansoddi'n gyson — caneuon yn enwedig — nid oedd yn cael llawer o sylw na llwyddiant. Ond daeth tro ar fyd ar ôl iddo gyfansoddi ei gampwaith *The Planets*. Dechreuodd gyfansoddi'r gwaith yn 1914, blwyddyn dechrau'r Rhyfel Byd Cyntaf, ac yn wir y mae un o'r symudiadau, sef 'Mars' — Duw Rhyfel — yn un o ddarnau mwyaf trawiadol y cyfnod.

Yn sicr, dylanwadwyd ar y cyfansoddwr gan ddigwyddiadau ofnadwy y Rhyfel Mawr, ac adlewyrchwyd hynny yn ei gyfansoddiadau.

Yn ystod ei fywyd yr oedd Holst yn rhannu ei amser rhwng dysgu a chyfansoddi. Nid yw sefyllfa fel hyn yn ddelfrydol i gyfansoddwr bob amser. Pan oedd Tchaikovsky yn cyfansoddi a dysgu, anodd iawn oedd iddo wneud y ddau beth yn drwyadl, ac felly pan gafodd gynnig arian yn anrheg i'w ryddhau o ddysgu, derbyniodd y cynnig yn eiddgar. Ond nid dyma hanes Gustav Holst. Nid oedd ei weithiau cerdd bob amser yn ddigonol i'w gadw ef a'i deulu. Nid oedd ganddo ddewis arall ond dysgu yn ogystal â chyfansoddi. Bu'n dal swydd athro cerdd yn ysgol y merched, Sant Paul, ac er iddo gael sawl swydd dysgu mewn gwahanol ysgolion, hon oedd yr unig swydd iddo barhau ynddi am gyfnod maith.

Tra oedd yn byw yn Thaxted dechreuodd Holst y traddodiad o gynnal gŵyl gerdd anffurfiol bob Sulgwyn, pryd y byddai ei ddisgyblion yn ymuno ag aelodau corau a cherddorfeydd amatur i ymarfer ei hoff gerddoriaeth, gwaith cyfansoddwyr fel Weelkes, Purcell (dau gyfansoddwr eglwysig mawr o'r unfed ganrif ar bymtheg a'r ail ganrif ar bymtheg) ac, wrth gwrs, yr anfarwol J. S. Bach.

Un o gampweithiau Holst yw *Hymn of Jesus*, a rhwng y gwaith hwn a'r *Planets* enwog daeth poblogrwydd mawr iddo fel cyfansoddwr. Cas beth Holst oedd derbyn canmoliaeth ar ffurf teitlau neu anrhydeddau, a gwrthododd bob anrhydedd a gynigiwyd iddo. *'The most overwhelming event of my life,'* oedd sylw Holst pan gynhaliwyd gŵyl arbennig o'i gerddoriaeth yn nhref Cheltenham yn 1927. Fe olygai hynny fwy o lawer iddo na'r holl anrhydeddau y cafodd eu cynnig.

Yr oedd ei flynyddoedd olaf rhwng 1927 ac 1933 yn rhai llwyddiannus a dedwydd i Holst fel cerddor a chyfansoddwr. Hoffai gymryd amser i feddwl mewn distawrwydd. Hoffai fynd ar wyliau tramor ac roedd yn arbennig o hoff hefyd o fynd ar grwydr ar hyd a lled bryniau a gwlad y Cotswolds. Yn anffodus, oherwydd gwaeledd, ni fu ei flwyddyn olaf yn un orhapus i Holst, a bu farw yn sydyn ym mis Mai 1934 ac yntau ond pum deg a naw oed. Claddwyd ei lwch yn Eglwys Gadeiriol Chichester.

Yn ystod 1934 collodd y byd cerdd dri chyfansoddwr enwog — Elgar, Delius a Holst ond erys eu cyfansoddiadau hyd heddiw i roi mwynhad i ni.

Rhai o brif weithiau Gustav Theodore von Holst

Operâu	*Sávitri* *The Perfect Fool* *At the Boar's Head*
Gweithiau cerddorfaol	*Somerset Rhapsody* *St. Paul's Suite* *The Planets* *Fugal Overture* *Fugal Concerto* *Egdon Heath* *Hammersmith*
Gweithiau corawl	Emynau o'r *Rig-Veda* *The Hymn of Jesus* Trefniant o 12 o alawon Cymreig (alawon gwerin)
Caneuon	Naw emyn o'r *Rig-Veda* Deuddeg cân i eiriau gan Humbert Wolfe

FRITZ KREISLER (1875-1962)

Mae'n bosib mai Fritz Kreisler oedd feiolinydd disgleiriaf y ganrif hon; yn sicr, fe'i cyfrifir ymhlith goreuon pob oes yn y maes hwn. Mae Kreisler yn adnabyddus fel cyfansoddwr hefyd ond nid, efallai, yn yr un ystyr â Beethoven a Mozart a Brahms a'r mawrion eraill. Ystyrir ef yn gyfansoddwr pwysig oherwydd poblogrwydd a swyn ei gerddoriaeth.

Ganed Fritz Kreisler yn Fiena ar 2 Chwefror 1875 a diddorol yw nodi fod feiolinydd enwog arall, Jascha Heifetz, wedi cael ei eni ar yr un dyddiad chwe blynedd ar hugain yn ddiweddarach. Meddyg oedd Samuel Kreisler, tad y cerddor, a ddaethai i fyw i Fiena o ddinas Krakov yng Ngwlad Pwyl. Iddewon oedd teulu Kreisler a dyna pam y daeth ei yrfa lewyrchus i ben mor sydyn yn yr Almaen yn 1933 pan ddaeth y Natsïaid i rym yno. Erbyn y tridegau, Kreisler oedd seren enwocaf byd cerdd y cyfandir, ond oherwydd fod y Natsïaid yn erlid yr Iddewon bu raid iddo ffoi o'r wlad, yn union fel y gwnaeth llawer o bobl ddawnus ac enwog eraill o dras Iddewig.

Pan oedd Kreisler yn bedair oed cafodd ei ffidil gyntaf, a chan fod ei dad yn medru canu'r offeryn ei hun dechreuodd roi gwersi i'r mab. Dysgodd hwnnw mor gyflym nes peri i'w dad benderfynu prynu gwell ffidil iddo. Pan nad oedd ond saith oed fe'i derbyniwyd yn fyfyriwr yng ngholeg cerdd enwog Fiena — y Conservatoire — a dyma'r tro cyntaf i unrhyw un o dan ddeg oed gael ei dderbyn i'r coleg. Tra oedd yno cafodd wersi harmoni a theori gan neb llai nag Anton Bruckner (gweler y bennod ar Bruckner). Pan oedd Kreisler yn ddeg oed derbyniodd fedal aur y coleg am ei ddawn fel feiolinydd. Ar ôl gorffen yn Fiena aeth i Baris i astudio yng ngholeg cerdd y ddinas honno; y mae'n sicr mai y Paris Conservatoire oedd y coleg enwocaf o'i fath yn Ewrop yn ystod ail hanner y ganrif ddiwethaf. Unwaith eto, fe syfrdanwyd pawb gan fedr y bachgen, a phan nad oedd ond deuddeg oed enillodd brif wobr y coleg, digwyddiad hanesyddol yn hanes y Conservatoire ac i Kreisler.

Ar ôl teithio i America gyda'r pianydd enwog Rosenthal, dychwelodd i Fiena i astudio pynciau cyffredinol er mwyn ehangu ei addysg.

Fel pob bachgen bron o'r cyfnod hwn bu raid i Kreisler ymuno â'r fyddin, a dyma'r cyfnod y cyfansoddodd ei *Cadenzas* enwog i gonsierto ffidil Beethoven. Rhan o gonsierto sy'n agored i'r unawdydd ddangos ei ddawn a'i fedr drwy gynllunio a chwarae ei gerddoriaeth ei hun tu fewn i gerddoriaeth wreiddiol y cyfansoddwr yw *cadenza*. Yn ddiweddarach byddai cyfansoddwyr yn cyfansoddi'r *cadenza* eu hunain, felly nid oedd lle i'r unawdydd ddatganu ar y pryd (*improvise*).

Fritz Kreisler (1875-1962)

Ar ôl i'w gyfnod yn y fyddin ddod i ben, penderfynodd Kreisler anelu at wneud cerddoriaeth yn fodd ennill bywoliaeth iddo'i hun, ac fe dreuliodd wyth wythnos yn ymarfer yn galed er mwyn codi safon ei chwarae. Ar ôl hyn cafodd gyfle i berfformio mewn sawl dinas a hefyd yn America lle'r oedd yn boblogaidd iawn. Ond nid oedd patrwm pendant i'w fywyd cerddorol; yr oedd mewn perygl o ddifetha ei yrfa gan nad oedd yn gallu ei ddisgyblu ei hun. Y mae hunanddisgyblaeth yn hollbwysig i gerddor, boed gyfansoddwr neu berfformiwr. Daeth disgyblaeth i fywyd Kreisler pan briododd Harriet Woerz, Americanes, yn 1902. Hi, yn anad neb, fu'n gyfrifol am drefnu bywyd Kreisler a rhoi'r ddisgyblaeth hanfodol iddo. Dywed llawer mai Mrs. Kreisler oedd yn gwneud y penderfyniadau a'i fod yntau'n barod iawn i ufuddhau. Gan ei fod yn gymeriad mor rhadlon a di-stŵr efallai mai peth da oedd hynny! Erbyn hyn, yr oedd Kreisler wedi gwneud enw iddo'i hun fel feiolinydd yn America ac Ewrop.

Ond beth am Kreisler y cyfansoddwr? Nid oedd Kreisler ymysg y cyfansoddwyr mawr er iddo gyfansoddi llawer iawn o gerddoriaeth, yn enwedig i'r ffidil a'r piano. Cyfansoddodd nifer fawr o ddarnau byr, poblogaidd. Un peth rhyfedd iawn ynglŷn â chyfansoddiadau Kreisler yw'r arferiad oedd ganddo o gymryd arno ei fod wedi darganfod cerddoriaeth o'r ail ganrif ar bymtheg gan ryw gyfansoddwr yr oedd pawb wedi anghofio amdano, a'i gyhoeddi dan enw hwnnw. Mewn ffaith, cyfansoddwyd y darnau hyn yn ystod blynyddoedd cyntaf y ganrif hon, a'r cyfansoddwr oedd Kreisler ei hun! Aeth y ffugio hwn ymlaen am flynyddoedd a phawb o dan yr argraff fod Kreisler wedi darganfod cerddoriaeth oedd yn bod ers cant a hanner neu ddau gant o flynyddoedd. Aeth mor bell â dweud ei fod wedi prynu'r gweithiau gwreiddiol am $8000 (wyth mil o ddoleri) gan fynachod mewn rhyw fynachlog anghysbell yn Ffrainc! Yr oedd llawer iawn o gyfeillion Kreisler yn amau beth oedd yn mynd ymlaen, ac yn 1935 cyfaddefodd y cyfan. Câi fwynhad mawr hefyd yn tynnu coes ei ffrindiau a phawb arall drwy gyfansoddi cerddoriaeth ysgafn, ddifrifol a phoblogaidd o dan enw rhywun arall.

Fe ddywed rhai fod Kreisler wedi ffugio fel hyn er mwyn sicrhau llwyddiant i'w gerddoriaeth ei hunan. Meddyliodd y buasai'r cyhoedd yn barotach i dderbyn cerddoriaeth wedi cael ei 'hysgrifennu' gan gyfansoddwr o'r ail ganrif ar bymtheg nag o'r ugeinfed ganrif. Ta waeth, cafodd ei gerddoriaeth dderbyniad gwresog a deil yn boblogaidd iawn hyd heddiw. Fel mae'r blynyddoedd yn mynd heibio, y mae sawl record wreiddiol o Kreisler yn perfformio ei gerddoriaeth ei hun yn ymddangos yn y siopau. Y mae ei arddull yn sicr yn wahanol i'r hyn a glywir heddiw, ond perthyn rhyw swyn arbennig er hynny i bob un o'r recordiau.

Yn ei flynyddoedd cynnar ymddiddorodd Kreisler mewn sawl maes. Ar un adeg anghofiodd am gerddoriaeth a dechreuodd astudio i fod yn feddyg, a dro arall bu'n ystyried ymuno â'r fyddin yn broffesiynol. Yn ystod y Rhyfel Mawr, 1914-1918, fe'i hanafwyd yn ddifrifol yn ei goes, ond ar ôl cyfnod yn yr ysbyty dychwelodd i fyd cerddoriaeth.

Bu farw Fritz Kreisler yn Efrog Newydd ar 29 Ionawr 1962, ac yntau bron iawn yn wyth deg a saith oed. Fe ddywed pawb amdano ei fod yn gerddor gwych, yn gyfansoddwr medrus ac yn gymeriad hoffus dros ben. Yr oedd yn hoff o anifeiliaid, ac ar un adeg canslodd gyngerdd er mwyn dychwelyd i'w gartref yn Efrog Newydd i weld ei gi bach a oedd yn sâl!

Rhai o brif weithiau Fritz Kreisler

Ffidil a Phiano
Andantino yn null Martini
Praeludium and Allegro yn null Pugnani
Scherzo yn null Dittersdorf
Hen ddawnsfeydd o Fiena

Trefniadau o weithiau y cyfansoddwyr mawr
Mazurka (Chopin)
Humoresque (Tchaikovsky)
'Emyn i'r Haul' (Rimsky-Korsakov)

Cyfansoddodd dros gant o weithiau gwreiddiol a threfniadau o weithiau cyfansoddwyr eraill, gan gynnwys cyfansoddiadau i'r piano, y soddgrwth, y ffliwt a'r piano, y sacsoffon, yr acordion a cherddorfa fechan, pedwarawd llinynnol a chaneuon i'r llais.

AARON COPLAND (1900-   )

Americanwr yw Aaron Copland. Fe'i ganed yn Brooklyn, Efrog Newydd, ar 14 Tachwedd 1900. Fel llawer teulu arall yn America roedd teulu Aaron Copland yn hanfod o Lithuania, sydd erbyn heddiw wedi ei llyncu y tu mewn i ffiniau'r Undeb Sofietaidd. Iddewon oedd teulu Aaron ac nid Copland oedd eu cyfenw iawn. Koplan oedd cyfenw'r teulu yn wreiddiol, ond gan fod swyddog derbyn ymfudwyr i America wedi camsillafu'r enw fe drodd Koplan yn Copland. Difyr yw nodi fod hyn wedi digwydd sawl tro yn hanes ymfudwyr i America, yn enwedig pan oedd enw anodd ei sillafu gan y mewnfudwyr!

Nid oedd dim yn hanes teulu Aaron Copland a barai i rywun ddychmygu y byddai'n gyfansoddwr ryw ddiwrnod. Treuliodd ei blentyndod mewn rhan ddi-liw a diflas o ddinas fawr Efrog Newydd. Yr oedd ei frawd hynaf wedi cael gwersi ffidil ac roedd ei chwaer yn medru canu'r piano. Ni fyddai'r teulu byth yn trafod cerddoriaeth ac ni fyddent byth yn mynd i unrhyw fath o gyngerdd o gwbl. Felly, aelwyd go ryfedd oedd hon i fagu un o gyfansoddwyr mwyaf America.

Nid oedd rhieni Copland wedi bwriadu iddo gael addysg gerddorol o gwbl gan mai gwastraff arian oedd gwersi cerdd y ddau arall wedi bod. Ond er hynny, yr oedd Aaron yn awyddus i ddysgu hynny a fedrai am gerddoriaeth a phan oedd yn bedair ar ddeg oed dechreuodd astudio'r piano gydag athro lleol. Yr oedd bellach wedi teimlo'r awydd i gyfansoddi, ac er mwyn cael y cefndir iawn ymunodd â dosbarthiadau'r athro enwog Rubin Goldmark. Gan fod Goldmark yn dysgu theori a harmoni yn ôl y drefn draddodiadol ac Aaron Copland yn awyddus i arbrofi gyda dulliau newydd a mwy modern, yr oedd y cyfansoddwr ifanc yn ei chael hi'n anodd cadw diddordeb yn y gwersi. Yn fuan wedyn cafodd gyfle i fynd i astudio yn Ffrainc, a thra oedd yno daeth i adnabod athrawes ifanc enwog iawn, sef Nadia Boulanger. Yr oedd ei dull hi o ddysgu ac o gyfansoddi wrth fodd calon Aaron Copland. Dychwelodd i America yn 1924 a chyfansoddodd symffoni newydd sbon i gerddorfa ac organ ar gyfer Nadia Boulanger, a oedd yn organyddes o fri. Roedd hi ar fin ymweld ag America ac yn ystod ei hymweliad yr oedd am berfformio'r gwaith hwn am y tro cyntaf.

Un o arweinwyr mawr y cyfnod hwn oedd Serge Koussevitsky, sef arweinydd Cerddorfa Symffoni Boston; clywsai ef y symffoni i'r organ gan Copland a phenderfynodd berfformio'r gwaith newydd yn ninas Boston. Gofynnodd i Copland gyfansoddi symffoni newydd hefyd ar

Aaron Copland (1900-   )

gyfer cyngerdd o gerddoriaeth fodern. Cyfansoddodd Copland *Music for the Theatre* ac ynddo defnyddiodd *jazz*. Ar ôl hyn daeth gweithiau'r cyfansoddwr newydd yn ffefrynnau gan gynulleidfaoedd ledled America, ond er hyn i gyd, anodd iawn oedd iddo wneud bywoliaeth o'i gyfansoddiadau.

Yn 1925 derbyniodd Copland y Guggenheim Fellowship, ac yn ei sgîl swm sylweddol o arian, a golygai hyn nad oedd raid iddo boeni bellach am ennill ei fara menyn. Ysgoloriaeth ydoedd am gyfnod o ddwy flynedd, ac yn ystod y cyfnod hwn cyfansoddodd Copland lawer iawn o gerddoriaeth boblogaidd gan ddefnyddio idiomau *jazz*.

Y mae'n sicr mai'r cyfansoddiadau bale, *Rodeo, Billy the Kid* ac *Appalachian Spring* yw'r gerddoriaeth fwyaf poblogaidd i Copland ei chyfansoddi. Y rheswm am hyn, mae'n siŵr, yw fod y cyfansoddwr yn y gerddoriaeth hon wedi defnyddio themâu o gerddoriaeth werinol America — alawon gwerin ac yn y blaen.

Y mae Aaron Copland yn weithiwr diflino ac yn gyson ei gefnogaeth i Americanwyr sy'n cyfansoddi cerddoriaeth fodern. Y mae wedi teithio llawer fel darlithydd ac athro ac fe'i hadwaenir ar hyd a lled yr Unol Daleithiau fel un sy'n cefnogi cyfansoddwyr newydd. Y mae hefyd wedi teithio'r byd fel arweinydd, yn enwedig arweinydd ar ei weithiau ei hun.

Rhai o brif weithiau Aaron Copland

Rodeo
Billy the Kid
Appalachian Spring
Music for the Theatre
Piano Variations
Statements
El Salón México
Fanfare for the Common Man
Tair symffoni

Y mae hefyd yn awdur sawl llyfr ar gerddoriaeth.

RHAI TERMAU CERDDOROL

CANTAWD/
CANTATA

Cerddoriaeth i gôr ac unawdwyr a genir i gyfeiliant naill ai cerddorfa neu organ. Cyfansoddodd Bach bron i 200 o gantawdau, rhai yn parhau am ddeng munud neu chwarter awr, ac eraill yn hirach ac yn parhau am hanner awr neu fwy. Er mwyn eu canu yng ngwasanaethau'r eglwys y cyfansoddodd Bach ei gantawdau ef.

CANTIGL

Emyn yn defnyddio geiriau o'r Beibl, e.e. y *Magnificat* ('Cân Mair'), y *Nunc Dimittis* ('Cân Simeon'). Nid yw'r salmau yn gantiglau. Cenir y cantiglau yng ngwasanaethau'r eglwys i gyfeiliant siant neu osodiad arbennig (ran amlaf). Cenir y gosodiadau hyn gan gorau eglwysi cadeiriol gan nad yw'r adnoddau pwrpasol gan eglwysi llai.

CAPRICCIO

Darn o gerddoriaeth ysgafn a bywiog.

CONSIERTO

Gwaith cerddorol hir mewn tri symudiad; bydd un offeryn yn cael lle amlwg a'r gerddorfa'n cyfeilio. Er bod gan y gerddorfa rannau yn y gwaith hefyd, canolbwyntir ar yr un offeryn, e.e. y consierto i'r piano gan Grieg, pum consierto Beethoven i'r piano, consierto Beethoven i'r ffidil. Y mae rhan yr unawdydd yn anodd ac yn gofyn am dalent arbennig y cerddor proffesiynol, e.e. Wilhelm Kempff (piano), Daniel Barenboim (piano), Yehudi Menuhin (ffidil), Vladimir Horowitz (piano).

OPERA

Gwaith dramatig mewn sawl rhan a berfformir gan unawdwyr, côr a cherddorfa ar lwyfan. Drama yw lle mae'r actorion yn canu yn hytrach na dweud eu rhannau. Un o'r cyfansoddwyr mawr ym myd yr opera oedd Verdi; cyfansoddodd ef ddeg opera ar hugain. Cyfansoddodd yr Almaenwr Wagner operâu hir a dramatig, e.e. *Lohengrin, Tristan und Isolde, Rienzi, Tannhäuser*. Adeiladodd dŷ opera pwrpasol i berfformio'r operâu mawr hyn yn Bayreuth yn Bafaria. Yno heddiw mae ei wyrion ef yn gyfrifol am gynhyrchu'r gweithiau hyn, a daw pobl o bob rhan o Ewrop a'r byd i flasu awyrgylch arbennig y rhan brydferth hon o'r Almaen, lle y cyfansoddodd Wagner ei gampweithiau.

ORATORIO   Cerddoriaeth wedi ei hysgrifennu i unawdwyr, côr, cerddorfa neu organ, yn defnyddio geiriau'n seiliedig ar eiriau o'r Beibl. Cymer oratorio tua dwyawr neu fwy i'w chanu. Handel oedd y cyfansoddwr oratorios enwocaf e.e. *y Messiah, Jephtha, Judas Maccabaeus, Samson, Saul.*

SONATA   Darn o gerddoriaeth mewn mwy nag un symudiad (pedwar gan amlaf) i offeryn neu i ddau offeryn e.e. ffidil a phiano. Cyfansoddodd Beethoven dri deg a dwy sonata i'r piano.

SYMFFONI   Gwaith hir i gerddorfa mewn pedwar symudiad gan amlaf. Cymerir tua hanner awr neu fwy i berfformio'r rhan fwyaf o symffonïau, ond mae symffonïau cyfansoddwyr fel Anton Bruckner a Gustav Mahler yn cymryd llawer mwy o amser. Cyfansoddodd Mozart bedwar deg ac un o symffonïau, Haydn dros gant, Beethoven naw, Brahms bedwar, Bruckner naw a Mahler ddeg.

SYMUDIAD   Rhan o gonsierto neu symffoni. Rhennir symffoni yn bedwar neu bump symudiad a chonsierto yn dri. Weithiau bydd rhaniad pendant o ddistawrwydd rhwng y symudiadau, e.e. symudiad dau a thri Consierto rhif 5 i biano a cherddorfa gan Beethoven. Er y clywir ambell un mewn cyngerdd yn curo dwylo ar ddiwedd symudiad, ni ddylid gwneud hynny nes bod y symffoni cyfan ar ben.